LEMBRANÇAS DE
Menina

Tatiana Belinky

Lembranças de
Menina

ILUSTRAÇÕES
Ana Maria Moura

Paulinas

Lembranças de Menina

Dia destes, remexendo em um monte de papéis, uns antigos, outros velhos e vencidos mesmo, tive a grata surpresa de dar com o objeto que é o tema deste texto: o pequeno álbum retangular, velhinho, hoje com suas páginas amareladas pelo tempo, que ganhei quando fiz 15 anos!

Tenho hoje 94 anos, calcule há quanto tempo guardo este documento de minha adolescência! E dizer que um ano depois as suas muitas páginas já estavam repletas de contribuições de pessoas das mais diversas: amigas, parentes, colegas, amigos, professores e até "admiradores" juvenis, e por aí vai.

Revendo todas aquelas "entradas" no meu álbum, pode crer que mergulhei em uma volta no tempo, com tudo o que isso implica.

E ao rever todas aquelas mãos, a maioria das quais já não escreve mais, pelo menos "nesta dimensão", mas cujo "cursivo" me fala como se fosse ontem, de repente me ocorreu que esses pequenos textos, com suas dedicatórias, poderiam formar um pequeno livro, talvez curioso, mas para mim certamente precioso e sentimental, uma espécie de minibiografia "não autorizada", se assim me posso expressar...

Alguns dos textos são em português, claro. Mas alguns outros eu traduzi, o melhor que pude, do russo, alemão, inglês e francês. Pena que não dá para reproduzir aqui a "letra" pessoal de cada um, tão expressiva e reveladora, estética e mais ainda grafologicamente falando.

Escolhi só uma parte, não muito grande, para não cansar o meu paciente leitor.

Aí vai...

N.E. Este livro foi escrito pouco tempo antes de a Tatiana Belinky falecer. Mesmo sendo uma obra póstuma, optamos por deixar os verbos no presente.

Mãe

Minha querida filhinha?
Seja sempre independente, justa
e forte.

Tua máma

São Paulo, 2/IX/1935

Minha mãe Rosa nunca se dirigiu a mim com palavras tão doces e importantes.

Eu tinha 15/16 anos, e fiquei surpresa e comovida, como, aliás, estou agora. Aquelas palavras eram o "lema" da minha mãe, por toda a sua vida.

Dizer o quê? Só quero acrescentar que, decênios depois, com minha mãe doente terminal e já desenganada, ela de repente abriu os olhos e me encarou e disse, em russo, com voz audível, só estas palavras: "O mais difícil é ser justa".

E nunca mais eu ouvi a voz da minha mamãe Rosa...

Pai

A integridade do caráter é o penhor da felicidade.

Papai
1.9.35

    Só esta frase, simples, clara, sem conselhos nem adjetivos de qualquer tipo, na sua escrita cursiva, em russo, em letra firme, vertical, arredondada, perfeitamente estética, que dispensa comentários, era o retrato falado do personagem que sempre foi meu papai.

    Tão firme e forte nas suas convicções, como delicado no trato pessoal.

    O primeiro maior amor da minha vida...

Цельность характера — залог счастья.

Папа

1.9.35 *a integridade do caráter é o penhor da felicidade. papai*

IRMÃO Abracha

São Paulo, 9 de maio de 1934
O que é a dor?
— Um mar?
E a alegria?
— Pérola oculta nesse mar fremente.

Quantas vezes a pérola encantada,
Entre as rochas profundas, sepultada,
Se dissolve esquecida, lentamente,
E nunca chega a ver a luz do dia?

Não sei quem foi o autor do belo poema escolhido pelo meu irmão, "Abracha", que tinha então apenas 14 anos.

Mas melhor que o poema foi a dedicatória que o acompanhou:

Que você, Tania, descubra uma infinidade dessas pérolas, é o desejo afetuoso do seu mano Abrão.

Quanto bom gosto e carinho fraterno de alguém tão jovem, na verdade, um garoto!

A. A. A.

Eram as três letras do nome e sobrenome do meu diretor e professor preferido do curso que completei no Mackenzie, no tempo deste meu álbum de menina...

Hoje, decênios depois, senti que chegou o momento de eu prestar a devida homenagem a esta pessoa tão importante na minha vida.

E decidi incluí-lo entre as personagens especiais e essenciais neste "adendo" de "última hora", apenas uns 50 anos depois.

Então me ocorreu formular esta minha homenagem ao meu querido Mister Anderson na forma de um poeminha, em limerique, em português bem-humorado como era ele.

Espero que o meu caríssimo professor goste desta minha modesta e carinhosa homenagem, onde quer que ele esteja...

Em tempo: ele me chamava The Dynamo.

Alfredo A. Anderson

Ao mestre com afeto

Mister Anderson querido
Teacher nunca esquecido
Sempre esperado
Bem-humorado
Mestre pra sempre ad-querido.

SARAH Temperman

Como criança que partiu cantando,
De manhã, pela estrada florescida,
Eu também, de manhã, parti rimando
Pela estrada feliz de minha vida...

Tatiana,
Desejo que tua vida seja eternamente
florida e que não encontres nenhum espinho
entre tantas flores?
É esse o voto que faz tua amiguinha
Sarah Teperman.   S. Paulo, 05-05-1934

Sarinha foi minha colega de bancos escolares e amiga de adolescência, e até vizinha de rua e também de casa. E hoje, anos depois, continuamos "vizinhas", não de casas, mas de corações.

Starets

Em algum lugar, em algum tempo, de algum modo
Um solitário poeta viveu.
E a vida inteira, como todos os poetas,
Bebeu vinho, e escreveu e amou.

S.S.

Velho amigo, muito mais velho do que eu, e que cantava muito bem em qualquer língua.

"Jesus"

Marche pela vida de olhos bem abertos.
Não temas opiniões.
Não idealizes ninguém e nada, mas tenha um ideal.
Seja sempre você mesma, e você será feliz.

Simon Jesus
18-11-1935 S. Paulo

Esta frase, um típico conselho de homem adulto, trintão, professor de russo e pai de família, muito me impressionava naquela época.

A frase enérgica, decidida, em forte letra masculina, me valeu um bom "conselho" e me deixou boas lembranças.

Mais do que russo aprendi com ele.

Até felicidade ele augurou! Ora vejam!

TEU Cabelo

G. Amado

Quero louvar o zelo desenvolto
Com que arranjas o próprio desmazelo.
É sempre para mim cabelo solto,
Por melhor penteado o teu cabelo.

Os poetas passam, por vezes, como bobos. Às vezes, porém, têm a feliz ideia de falar por nós, com demasiado sentimento, é verdade, mas poupando-nos de declarações gagas e sem rima.

        Saudações do José   9/8/37   Rio

As citações dos poemas escolhidos pelos meus amigos de juventude falam mais deles do que eles pretendiam dizer na época, ou não?

A dedicatória que complementa ou completa esse poema fala por si – e chega a ser quase uma "declaração"...

Mas nunca passamos de "amiguinhos" de adolescência.

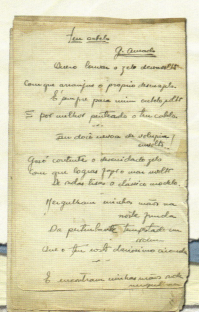

Kaoro

Tatiana, por mais que me esforce,
nada digno de tua pessoa consigo escrever...

As the tree is, such is the fruits.
Assim como a Tatiana é boa colega, bom é o seu coração.
Com esta disparatada comparação,
viso fazer-me lembrado de quando em vez.

Do colega Kaoro
Inverno de 1937

Do querido colega nissei, chefe dos escoteiros por toda a vida. Casado com minha amiga também nissei Yukie. Saudades...

Tatiana, por mais que me esforce, nada digno de tua pessoa consigo escrever por quanto tudo o que viesse a grapdar neste precioso album, não representaria nem de longe o que mereces; todavia aqui vai algo.
As the tree is, such is the fruits.
Assim como a Tatiana é boa colega, bom é o seu coração. Com esta disparatada comparação. viso fazer-me lembrado de quando em vez.
Do colega
Inverno de 937

CARLOS Detter

A uma pessoa que não me entende.

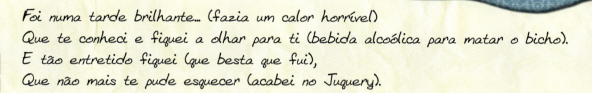

Foi numa tarde brilhante... (fazia um calor horrível)
Que te conheci e fiquei a olhar para ti (bebida alcoólica para matar o bicho).
E tão entretido fiquei (que besta que fui),
Que não mais te pude esquecer (acabei no Juquery).

Tinha então 18 anos (desmamado há 2 meses).
A vida me parecia doirada, ardente (febre tifoide),
Mas, quando tu surgiste na minha frente (que peste),
Não mais pude viver sem ver-te (nunca a vi mais gorda).

Um que espera viver mais um ano.

Carlos
S. Paulo 30/1/37

Comentário: Pois é!!!

Adendo

Essencial para mim é não deixar de incluir neste livro alguns nomes dos que vieram mais tarde e fazem parte do meu ser, sem contar com o tempo, hoje e sempre. Quando aos 15 anos ganhei este meu álbum de menina, meu irmão caçula Benjamin era pequeno demais para participar. Mas hoje, breves cinco decênios depois, chegou o momento de ele figurar, de pleno direito, neste "adendo", descontado o tempo que passou e não tem importância – como se fosse ontem.

Naquele dia, o meu Benjamin, de quem fui "irmãe" desde que nasceu, eu já era "mocinha" de mais de 10 anos de idade, até ele poder ir à escola sozinho, já aqui em São Paulo. Ele me presenteou com um significativo retrato seu, já de cinquentão, empresário, diretor e chefe de uma grande firma em São Paulo.

No verso da foto tão especial o meu Benjamin escreveu esta dedicatória:

Tião querido?

O Philippe disse que escolheu esta foto porque era assim que me via "à beira" de dizer alguma coisa.

A você, meu Tião, quero dizer que, embora cada vez nos vejamos menos, a cada dia que passa tenho mais coisas para lhe contar.

Ando muito contente com a "riqueza humana" que amealhei a partir das duas joias com que comecei: mamãe e você.

29/5/77
Benia

Adendo André

Falar de um filho perdido é quase impossível. E, no entanto, por mais doloroso que seja, ele está neste álbum da antiga menina doendo todos os dias...

André, meu segundo filho, me foi roubado aos vinte e cinco anos de idade por um estúpido acidente, um único instante em Paris, em plena força de sua beleza física e mental, sensibilidade e idealismo, coragem e espiritualidade ao mesmo tempo realista e poética.

André Gouveia...

Shalom!

Adendo

No tempo do meu álbum de menina, eu tinha 15 anos e o Julio ainda não despontava no meu horizonte. Mas, poucos anos depois, quando menos se esperava, ele invadiu a minha vida como um tufão, modificou tudo dali em diante.

Julio de Gouveia, médico, psiquiatra e homem das letras, poeta e escritor ligado a teatro e televisão e atividades culturais dirigidas a crianças e jovens, usava como poucos esses recursos.

Tudo começou quando ele me surpreendeu, mal me conhecendo, com um pequeno poema, um acróstico, que deixou no terraço da minha casa:

T   razes no peito um sonho de ternura,

A   mável sonho que te embala a vida,

T   ornando-a suave e menos mal sofrida,

I   rmão do teu sequioso de ternura,

A   rde outro sonho dentro do meu peito.

N   ão te parece assim bela medida

A   marmo-nos os dois num só proveito.

Educador

Foi brincadeira, não é? O fato é que pouco tempo depois a "brincadeira" tornou-se séria e deu no que deu.

A vida de Julio Gouveia foi longa e rica, um extenso currículo de realizações, muitos prêmios, homenagens e grande celebridade.

Valeu, Julio.

Final

Aos 94 anos, posso dizer que passei muitos momentos marcantes em minha trajetória... bons e maus momentos, alegrias e tristezas, momentos longos e breves, uns aprazíveis outros dolorosos. Tive ganhos e sofri perdas – veio "gente" nova, assim como velhos e bons amigos se foram...

O fato é que a gente vive e sobrevive a quase tudo. E ficaria longo falar dessas tantas coisas, agora.

O que faço questão de dizer é que "tudo vale a pena, se a alma não é pequena". Então, se meus fados me permitirem, ainda terei tempo de contar outros momentos no mínimo interessantes...

Momento terrível

Momento forte que marcou minha vida foi quando estava na casa do meu irmão Benjamin, juntamente com Ricardo. O telefone tocou, Benjamin atendeu e, logo em seguida, saiu sem dizer nada e foi buscar o Julio. Quando os dois voltaram com caras estranhas, percebi que não devia ser coisa boa...

Quando eles entraram, o Benjamin começou a falar: "O André...". E eu disse: "O André morreu!".

Antes que alguém dissesse alguma coisa, o Ricardo desabou no chão e fez-se um silêncio... Depois disso não me lembro de mais nada.

E ficou esse momento terrível em minha memória para sempre.

Paraplégico, em cadeira de rodas, viajou e influenciou o mundo inteiro com sua personalidade, inteligência e brilho extraordinários.

A notícia de sua morte súbita me atingiu em cheio. E chorei minhas preciosas lágrimas políticas para espanto de meus pais.

Sim, houve mais algumas lágrimas políticas naqueles tempos nem tão distantes – considerando a minha idade.

Citarei mais uma que muito significou para mim e, claro, para tanta gente "maior" do que eu...

Foi o caso da Guerra Civil na Espanha, quando as forças legais, democraticamente eleitas, sucumbiram diante da fúria das forças maiores do fascista general Francisco Franco.

Muitos amigos meus pereceram naquela guerra, e eu chorei pelo revés político do regime e, pode-se dizer, pela morte de tantos espanhóis leais. Chorei pela Espanha naquele momento histórico!

Foram muitas e amargas lágrimas que derramei por motivos políticos e também pessoais.

Esses dois acontecimentos, entre outros, alguns até no Brasil, significaram momentos marcantes na minha vida.

Lágrimas

Na verdade, não sou muito chorona. Quando pequena eu não chorava por uma questão de, digamos, autoestima e dignidade de irmã mais velha etc. Isto até bem crescidinha, e tanto mais tarde.

Claro, podia me permitir uma choradinha, por causa de um "filme triste", o que era costume. Mas nunca por coisas sérias como política, por exemplo.

Minha mãe, sim, sempre muito interessada no assunto, chegava até a "brigar" com os jornais e dar "socos" na mesa e coisas assim, tão temperamental e emotiva que era.

Mas eu não. Seguia os acontecimentos políticos pelos jornais e pelo rádio e mesmo pelas conversas dos adultos – de forma leve, desengajada, sem me envolver emocionalmente.

Até que chegou um dia, ou mesmo vários dias, em que soube da morte de um muito admirado presidente dos Estados Unidos, na vigência inédita da sua quarta reeleição.

Franklyn Delano Roosevelt era, sim, o homem mais importante do mundo.

Outras pessoas importantes já haviam morrido antes. Personalidades notáveis, homens e mulheres ilustres. Mas pensar neles não me levava às lagrimas...

Já o presidente Franklin Delano Roosevelt mexeu com os meus sentimentos e pensamentos desde que tomei conhecimento da sua figura formidável até no "meu" mundo.

Eu o admirava e pode-se dizer até que o amava a minha maneira. Para mim, ele era um gigante. Formidável estadista.

Mas eu! Eu mal consegui conter o gemido de horror que queria escapar, diante daquela cena que nem sequer sei se foi a última do filme.

O que sei é que, com a mão tapando a minha boca, eu consegui aos tropeções escapar e fugir do cinema para a escuridão da rua, até chegar, entrar no meu carro e literalmente desabar no assento, em pranto incontido, chorando alto, aos soluços, quase aos gritos, sem me controlar. Eu tremia inteira, por fora e por dentro, e acho até que meu carro estremecia. E eu estava com medo de que alguém percebesse aquilo e quisesse me ajudar ou mesmo chamar o socorro.

O que me aconteceu não era uma crise de choro normal. O que desencadeara aquele "ataque" foi recebido como uma punhalada em meu coração – que era diferente e maior que qualquer outra.

Eu nunca chorara daquele jeito descontrolado. O que seria aquilo? O que acontecera comigo?

Não sei quanto tempo depois me dei conta de que tinha que parar de vez com aquilo e voltar para casa dirigindo o meu fusca do jeito que conseguisse.

E, finalmente, endireitei o corpo e agarrei a direção do carro, conduzindo-o aos trancos e barrancos até em casa. Um pouco depois, percebi que não foi o filme que causou aquilo e nem mesmo o terrível gesto do personagem que produziu aquela crise. Foi o acúmulo misturado e confuso de tantas e tantas notícias, acontecimentos distantes, próximos e mesmo atuais que me colocaram de repente diante da realidade da vida.

Como podemos conviver com isso? Em que mundo estamos? Como ele mesmo, o mundo, pode existir sem explodir como uma bomba atômica?

"Onde é que estamos", pensei. Não sei dizer, só pedindo uma explicação para quem sabe mais do que eu!...

Punhalada

Foi há bastante tempo, numa época em que eu às vezes costumava "pegar" um cinema sozinha, disposta a me permitir um bom programa.

Estacionei meu fusca por perto e me acomodei, meio espremida, entre os muitos espectadores, esperando algo interessante e que acabou sendo, quem diria, um "ponto marcante" da minha vida.

O filme começava com um homem de meia-idade com o rosto cansado e triste, sentado diante de uma grande escrivaninha, cheia de papéis, livros e outras coisas.

Eu já não esperava nada de bom, quando a tela começou a mostrar ao público atento os pensamentos do homem silencioso e pensativo. Exibiu também uma cena do mesmo homem, muito mais jovem, com mulher e filho pequeno em uma espécie de piquenique, tranquilo, na Alemanha, em tempos de relativa paz.

Se eu já não aguardava nada de bom, agora estava quase arrependida de ter entrado naquele cinema...

Não vou contar o que o filme mostrou depois. Eram todos aqueles indescritíveis horrores e atrocidades da guerra e dos campos de morte do nazismo – os quais destruíram toda a família do homem sentado diante da escrivaninha, com todas aquelas recordações estampadas no seu rosto.

Eu me perguntava aflita: "Como foi que ele sobreviveu? Ele, um judeu, vítima do nazismo como outros seis milhões... Fora muitas outras vítimas daqueles crimes hediondos".

Eu já mal me aguentava no meu lugar, quando o personagem, de súbito, não suportou seu próprio sofrimento e, num violento gesto de desespero, desceu a mão com toda a força sobre um espeto de metal que varou por baixo da palma e atravessou, em todo o seu tamanho e altura, por cima das costas da mão do homem ainda silencioso, o qual sequer contraiu suas feições.

A sua imensa dor era interior.

Canção

"Nunca subestime uma canção", eu disse ao meu filho André, quando ele era adolescente e se preocupava muito em salvar o mundo, como acontece às vezes com os jovens idealistas.

Ele me criticara por cantarolar não me lembro o quê, e eu aproveitei a ocasião para lhe dar "uma aula" sobre o significado da canção em nossa vida. Como as canções nos acompanham e tantas vezes influenciam e até nos dirigem!

– As canções populares, dos povos diversos, e as "grandes canções", pense nelas, meu filho. Já sem falar dos "Hinos nacionais", inspirados e inspiradores. Cada país tem a sua própria melodia, sua própria voz. Podem ser canções religiosas, poéticas, elogiosas, esperançosas e outras. Você deve se lembrar de que sua avó Rosa cantava muito, e cantava bem. E você gostava de ouvi-la!

Ele chorou muito, quando ela nos deixou...

Mais tarde, jovem adulto, ouviu e participou de canções engajadas, tais como de protestos, motivações políticas e tantas outras causas.

Nunca mais precisei lembrá-lo da importância das canções: elas já o acompanham por todos os caminhos da vida.

Repito: "Nunca subestime uma canção!".

The Dynamo

"Trinta e duas garotas de olhos brilhantes de animação..." Esta é a primeira frase de um poema do Mr. Anderson – diretor do excelente curso comercial do Mackenzie e brilhante professor de inglês –, o qual ele dedicou a minha turma, em meados de 1930.

Era uma boa turma... Meninas de 16/17 anos, bem-humoradas, boas alunas, que gostavam da aula e do professor. E ele também gostava da turma, tanto que lhe dedicou um poema. E coisa curiosa e muito agradável para mim é que ele me chamava de "The Dynamo" ou "Dínamo", talvez porque eu não era das mais quietinhas.

O curso terminou em boa paz, a festa de formatura foi alegre e também um pouco triste, como costumam ser as despedidas.

Eu pessoalmente senti muito em me despedir do meu querido Mr. Anderson, com quem perdi contato por muitos anos e muitas turmas.

A vida foi levando o seu rumo. Me casei, tive filhos... E, quando eles já eram adolescentes, tive a inesperada notícia, por uma amiga e colega de banco do Mackenzie, que Mr. Anderson estava velhinho, aposentado, e que tristeza... cego!

Senti uma pontada no coração, e na mesma hora decidi visitá-lo, após vinte anos, que se passaram sem eu perceber.

Poucos dias depois, fui com minha amiga à casa de Mr. Anderson. Meio timidamente, toquei a campainha e, já da porta aberta, antes de entrar na sala, vi o Mr. Anderson no fundo da sala comprida, ao lado da janela. Lá estava meu velho professor, sentado com os pés meio encolhidos... Nem parecia ele.

Com um nó na garganta, me atrevi, ainda sem entrar, a dizer com voz trêmula, meio baixinho:

– Mr. Anderson?

E, no mesmo instante, aquele rosto envelhecido virou a cabeça grisalha e aqueles olhos completamente cegos me "fitaram", e Mr. Anderson disse uma única palavra inconfundível:

– "The Dynamo"?

Não dá para contar o que senti naquele momento, e mesmo hoje, aos 94 anos de idade, meus olhos "se lembram" daquele momento, um dos mais comoventes e inesquecíveis da minha vida já de longa trajetória...

Assim transcorreram quase dois anos perigosos. Perigosos porque havia vários pretendentes – homens bem mais velhos e mais experientes do que eu – de olho nas nossas importantes "representadas" estrangeiras.

E minha mãe decidiu que eu teria de viajar para Nova York, nos Estados Unidos, a fim de procurar as exportadoras de celulose, me apresentar e tentar "segurar" o meu – o nosso – trabalho, antes que fosse tarde demais. Isso em plena Segunda Guerra Mundial!

E mais, eu tinha um filhinho que completaria um ano no *réveillon* e que ainda engatinhava!

Mas não houve jeito de adiar essa viagem, e só consegui fazê-la porque tinha junto o Julio, meu marido, e assim mesmo porque ele era oficial – tenente médico da reserva do Exército brasileiro – e conseguiu dois lugares no avião, sem prioridade. O que significava ter de desembarcar e ceder nossos lugares a pessoas mais importantes, os tais VIPs. Por causa disso, a nossa viagem relativamente breve levou mais de uma semana, com paradas ao longo da costa do Oceano Atlântico.

E só conseguimos desembarcar em Nova York na noite de Ano-Novo, bem no dia do primeiro aniversário do nosso primogênito, Ricardo, o primeiro brasileiro nato do meu europeu DNA! E nós não estaríamos lá!

Nova York estava às escuras, em *black-out*. Foi um melancólico *réveillon* aquele, meu e do Julio.

O que importa é que a minha tarefa foi totalmente bem-sucedida, mas, até podermos voltar para casa e conseguirmos lugar no avião, tivemos que ficar vários dias em Nova York.

E na volta, dessa vez pelo Pacífico, por cima dos Andes, levamos muitos outros longos dias...

E quando – ufa!!! – finalmente aterrissamos em São Paulo, estávamos em pleno mês de janeiro.

O avião parou a uma distância que me pareceu bem grande de onde ficavam as pessoas que aguardavam a chegada dos viajantes, e eu logo vi, atrás daquela grade, minha mãe e meu irmão Benjamin, com o nosso bebê nos braços, e aí eu já dei uma choradinha para o Julio. Pensei: "O nosso filho vai nos estranhar!...".

Mas o que aconteceu foi que o Benjamin passou o nosso lindo bebê por cima daquela grade, em pezinho no chão, e o soltou.

E o já não mais bebê, mas menininho, olhou direto para a frente, bem na minha direção e, sem hesitar, sem olhar para os lados, saiu andando, firme e seguro. De perninhas afastadas e bracinhos abertos para ganhar equilíbrio, caminhou para a frente, sem titubear, um pé na frente do outro, até... até cair direto nos meus braços escancarados, e "grudou" em mim com o corpinho todo!

E pela primeira, pela primeiríssima vez desde a morte de meu pai, eu chorei de verdade, de pura taquicardia, emoção, alegria e, sim, felicidade!

Foi naquele momento que "nasceu" para todo o sempre o meu Ricardinho.

P.S.: Hoje, quase setenta anos depois, o meu Ricardinho está ainda ao meu lado...

Meu Ricardinho

A alegria é um dos preceitos religiosos do judaísmo do "ramo" hassídico, e não é por acaso que grande parte das crônicas que escrevi para jornais, revistas e livros se encaixa nesse preceito tão otimista, "apesar dos pesares".

Mas hoje, nonagenária, me ocorre que numa longa vida como a minha, cheia de altos e baixos (mais altos que baixos, felizmente!), houve também lances outros-diferentes-tristes, dramáticos, e mesmo trágicos, dentro dos caprichos da imprevisível e inevitável Roda da Fortuna. Alguns deles vale a pena relatar, como este de agora, com o seu final-surpresa.

No momento dramático em que perdi meu pai, entrei em estado de choque e só pude me recuperar graças à enorme coragem e força de vontade de minha mãe, que conseguiu "segurar as pontas" diante daquela situação e fazer passar das suas mãos fortes, para as minhas frágeis e apavoradas mãos, a desproporcional função de arrimo de família, com toda a responsabilidade de continuar o trabalho de papai, como sua secretária que eu era, e tudo o mais.

Não vou entrar em detalhes. E eu fui aguentando, chorando e trabalhando... E visitando os clientes, as grandes empresas fabricantes de papel que, por intermédio de papai, importavam a celulose, a matéria-prima.

Devo afirmar que os empresários brasileiros foram corretíssimos e atenciosos, até gentis com a assustada e insegura substituta do Sr. Belinky, meu pai.

Pai

O primeiro e mais violento momento marcante da minha vida foi mais que um "momento". Foi nada menos que uma bomba que explodiu na minha cabeça, no meu coração e em toda a minha vida futura...

Certo dia, meu pai precisou viajar com urgência ao Rio de Janeiro, para um compromisso inadiável.

Papai me ligou do Rio, avisando que chegaria no dia seguinte, logo cedo.

No dia seguinte, logo cedo, lá estávamos nós duas, mamãe e eu, no aeroporto à espera da chegada do avião, quando o alto-falante nos avisou que o avião estava atrasado e que fôssemos para casa aguardar novo aviso.

Em casa, intranquilas, esperamos pelo aviso. E o telefone, de fato, tocou uma hora depois e, quando eu atendi, uma voz de homem, desconhecida, só disse isso: "O senhor Aron Belinky estava no voo do avião que caiu no mar, matando todos os ocupantes". E desligou, sem mais nada.

Eu perdi a fala. O telefone não caiu da minha mão... E com aquela bomba que desabou sobre minha cabeça, meu coração parecia querer parar...

Não dá para descrever o que aconteceu em seguida. O chão pareceu afundar sob os meus pés. Não é preciso dizer o quanto isso foi terrível!

O nosso mundo acabou de repente! Tudo virou de cabeça para baixo. Mamãe quase enlouqueceu. Eu nem vou tentar contar.

Contar o quê? É possível descrever tamanha reviravolta em nossa vida? Um, repito, terrível e aterrorizante momento marcante da minha vida.

Um momento que dura até hoje, mais de setenta anos depois...

Meu pai continua sempre comigo – junto com aquele "momento".

Claro que houve outros momentos importantes, e trágicos. Mas esse, em especial, deixou uma marca definitiva por todo o sempre!

Frustração

A primeira festa de aniversário que eu me atrevi a comemorar em São Paulo foi quando completei doze anos e estava no Mackenzie.

Então... convidei vários colegas de classe com os quais me dava melhor. Fiz até convites com desenhos.

Mamãe preparou uma mesa de doces e salgados, com o maior sacrifício, porque não tinha dinheiro para fazer grandes festas... Mas fez.

Naquele sábado à tarde, eu me preparei, me arrumei e fiquei esperando os convidados.

Já havia sido avisada de que não é costume brasileiro chegar pontualmente, e fiquei esperando.

Quando chegou a hora, não apareceu ninguém. Depois de uma hora, não apareceu ninguém. Duas horas depois, não apareceu ninguém.

Fiquei muito preocupada, quando entendi que não viria ninguém mesmo.

Não falei nada, para não preocupar meus pais, e o dia acabou assim.

Mas de noite, sozinha em minha cama, chorei muito e aprendi de uma vez por todas, e por muito tempo, a não pensar em festas de aniversário.

Esta primeira frustração deixou marcas na minha memória.

"Sumiço"

Foi assim... Mamãe, Dra. Rosa Belinky, partiu com os seus três filhos – eu, menina grande de dez anos, meu irmão do meio, Abracha, e o pequeno Benjamin – para a viagem ao Brasil. Sozinha com as três crianças, pois papai viajara primeiro para arrumar as coisas, minha mãe viveu mais essa grande aventura.

Era um navio transatlântico, e ficamos em uma cabine de terceira classe.

O momento marcante foi que, em um dia ensolarado, estávamos no convés, mamãe com os filhos e eu "tomando conta" dos meus irmãos, quando, num instante de distração minha e de mamãe, o pequeno Benjamin – que, claro, já andava e era muito "bem-humorado" –, de súbito, simplesmente sumiu de nossa vista.

Ele saiu andando e desapareceu. O nosso Benjamin não respondia aos nossos chamados.

Preocupação e muito medo! O que foi que aconteceu?

Começou uma procura frenética com a ajuda de todos. Não sei quanto tempo demorou essa situação, mas parecia um século.

Até que alguém lembrou que havia uma espécie de quarta classe, com trabalhadores negros que viajavam nesse navio, de algum lugar para não sei onde.

Fomos para lá, que era nossa última esperança.

Não é que o nosso Benjamin, todo alegre e risonho, estava de pezinho em cima de uma mesa, todo branquinho, loirinho, de olhos azuis... Muito fofo!

Ele estava cercado por todos os lados de um montão de rostos negros e totalmente risonhos, e com dentes muito brancos, e esses homens conversavam com ele.

Minha mãe, em um som ruidoso, agarrou o filhote num abraço "esmagador".

Mas, na verdade, aonde eu queria chegar desde o começo é que achei aquela cena tão bonita, comovente e engraçada, que havia esquecido o susto que levamos.

E aquele foi de fato o meu grande e precioso momento marcante naquela inesquecível viagem.

"Irmãe"

Será possível ser mãe do próprio irmão? Bem, sabemos que às vezes o impossível acontece – mas não é comum... Só que comigo aconteceu!

O meu caso foi muito complicado: sua majestade a palavra permite muita coisa como essa que vou contar aqui.

Foi ainda lá em Riga, na Letônia, norte da Europa, quando nasceu meu irmãozinho caçula, Benjamin – um grande acontecimento para mim, menina grande.

Foi a primeira vez, na minha vida mais ligada aos livros e à poesia, que o momento marcante ficou sendo um bebê de verdade.

Segurar um bebê nos braços? Não uma boneca nem nada parecido, mas uma criança, "filhote de gente". Clarinho e esperneante, chorando e tudo mais. Uma emoção atrás da outra, encantamentos mil!

Pude trocar as primeiras fraldas, ajudar minha mãe a dar banho no nenê, brincar com ele e, durante um ano todo, lá em Riga, "brincar" de mamãe de um bebezinho que ia crescendo, se desenvolvendo de um dia para o outro, para minha alegria e orgulho "maternal".

O lindinho me conhecia, eu lhe dava comidinha e nem preciso descrever as minhas alegrias e até sustos com esse personagem vindo de outro mundo, preenchendo e enriquecendo o meu próprio.

Foi um ano delicioso, em que continuei os meus "encargos" com meu irmãozinho querido. Ele cada vez mais interessante, e eu cada vez mais interessada.

E o Benjamin já era um "menininho", andava e até falava bastante em russo, quando viemos para o Brasil. E foi aqui em São Paulo que ficamos enraizados para sempre e que ele aprendeu o português.

Eu me dei o direito de me nomear "irmãe" dele. E como tal, e com esse título honorífico, continuei a cuidar dele como primeiro filho.

E sem dúvida, este meu "título" ficou sendo, e é até hoje, um grande, muito grande momento da minha vida.

Janela!

Meu irmão "Abracha", dois anos e meio mais novo do que eu, era forte e muito esperto.

Começou a andar muito cedo, e certo dia entrei na sala e vi meu irmãozinho sentado na janela do quarto andar, com as pernas para fora.

Percebi na hora o perigo e felizmente tive o bom senso de ficar quieta, em silêncio. Fui pé ante pé até a cozinha avisar minha mãe, em voz baixa, sobre a perigosa situação.

Muito alarmada, mas em completo silêncio, ela também saiu pé ante pé e, em poucos passos, alcançou a janela e agarrou a criança, salvando-a de uma provável queda fatal!

Ela segurou "Abracha" nos braços chorando de emoção e alívio, e eu, percebendo a importância da minha atitude, também soltei um suspiro de alívio.

E o "Abracha", que não sabia que acabara de ser salvo, ficou assustado com o grito de minha mãe e também com a palmada que levou sem saber por quê (mas ficou sabendo anos mais tarde...).

Esse momento foi triplamente marcante: para a vida do meu irmãozinho, para mim e fortemente para minha mãe.

Tudo é bom, quando acaba bem...

Raios X

$\mathcal{E}$u tinha cerca de cinco anos, quando sofri o primeiro trauma sério da minha vida infantil. Acreditava que era bonitinha, sabia ler e gostava de livros. Tudo ia bem no melhor dos mundos...

E eis senão quando desaba literalmente sobre minha cabeça uma doença do couro cabeludo. O tratamento recomendado era uma aplicação de raios X.

Senti muito medo durante o próprio procedimento, mas o pior mesmo foi quando me vi no espelho: levei um susto enorme, eu estava completamente careca, a cabeça sem um fio de cabelo, como um ovo!

Comecei a chorar, eu que não era chorona, e aí continuei a chorar por muitos e longos dias, semanas, meses.

Não adiantava a minha vovó me fazer touquinhas coloridas para cada dia da semana, nem me garantir que meus cabelos voltariam a crescer logo. Esse "logo" durou não semanas, mas muitos meses, com toda sorte de tratamentos.

Passei por muita tristeza e complicação. Eu tinha vergonha de mim mesma.

Meus cabelos levaram uma eternidade para "voltar" a crescer e não voltaram os mesmos, mas diferentes e nada satisfatórios, e eu não me conformei com eles – na verdade, até hoje!

Foi um longo e triste sofrimento – demasiado para a criança que era. Eu não conseguia entender por que eles fizeram isso comigo!

E foi esse, sim, o primeiro e gravíssimo momento marcante da minha vida ainda curta – sem as minhas trancinhas e muito tempo sem a verdadeira alegria.

Introdução

O título parece pretensioso, mas só parece, não é. Por quê? Porque são os momentos marcantes para a autora, momentos pequenos para a pequena autora, que de grande só tem a idade – 94 anos.

Momentos marcantes muito bons, claros, e outros tristes, sombrios. E alguns mesmo terríveis.

Neste livro de crônicas quero – preciso – contar alguns desses meus momentos... Eles constituem, para mim, uma espécie de autobiografia "não autorizada". Escrevê-la é como que um alívio que o meu... o meu o quê? Acho que coração, que se intromete em tudo o que penso e, às vezes, até no que faço.

Então, aí vão eles! Meus pequenos (para mim) momentos marcantes, sem ordem cronológica ou qualquer outra que seja.

Espero que alguns interessem ao paciente leitor...

Coragem!!!

Dados Internacionais de Catalogação na Publicação (CIP)
(Câmara Brasileira do Livro, SP, Brasil)

Belinky, Tatiana, 1919-2013.
    Lembranças de menina : momentos marcantes / Tatiana Belinky ;
ilustrações Ana Maria Moura. – 1. ed. – São Paulo : Paulinas, 2013. –
(Coleção espaço aberto)

    ISBN 978-85-356-3480-8

    1. Belinky, Tatiana, 1919-2013 - Autobiografia - Literatura
infantojuvenil   2. Escritores brasileiros - Autobiografia - Literatura
infantojuvenil I. Moura, Ana Maria. II. Título. III. Série.

13-09326   CDD-028.5

Índices para catálogo sistemático:

1. Escritores brasileiros : Autobiografia : Literatura infantil   028.5
2. Escritores brasileiros : Autobiografia : Literatura infantojuvenil   028.5

1ª edição – 2013

Direção-geral: *Bernadete Boff*

Editoras responsáveis: *Maria Alexandre de Oliveira e*
Maria Goretti de Oliveira

Assistente de edição: *Milena Patriota de Lima Andrade*

Copidesque: *Ana Cecilia Mari*

Coordenação de revisão: *Marina Mendonça*

Revisão: *Ruth Mitzuie Kluska e Sandra Sinzato*

Gerente de produção: *Felício Calegaro Neto*

Produção de arte: *Manuel Rebelato Miramontes*

Nenhuma parte desta obra poderá ser reproduzida ou transmitida
por qualquer forma e/ou quaisquer meios (eletrônico ou mecânico,
incluindo fotocópia e gravação) ou arquivada em qualquer sistema ou
banco de dados sem permissão escrita da Editora. Direitos reservados.

Paulinas

Rua Dona Inácia Uchoa, 62
04110-020 – São Paulo – SP (Brasil)
Tel.: (11) 2125-3500
http://www.paulinas.org.br
editora@paulinas.com.br
Telemarketing e SAC: 0800-7010081

© Pia Sociedade Filhas de São Paulo – São Paulo, 2013

Maria Alexandre de Oliveira

Nasci na Rússia, em 1919, e cheguei ao Brasil aos dez anos de idade. Aqui estudei, me casei, tive filhos e netos, e agora já tenho bisnetinhos. Portanto, sou "antiga", mas não sou "velha", pelo menos por dentro. Porque em mim continua vivinha a criança que fui em anos passados! Recebi vários prêmios. Em 2008 tive a honra de ser agraciada com a Ordem do Mérito Cultural, pelo MEC, e em 2010 fui eleita membro da Academia Paulista de Letras.

Tatiana Belinky

Sou carioca, adoro ler, desenhar e pintar. Estudei pintura e design gráfico na Escola de Belas Artes da UFRJ. Participei de diversas exposições de artes plásticas e atuei como designer por vários anos. A partir de 2000, comecei a ilustrar livros infantis e hoje divido o meu tempo entre a pintura e as ilustrações. *Lembranças de menina, momentos marcantes* é um texto denso, comovente, muitas vezes triste, mas muito humano, transbordante de vida e força. Ilustrá-lo foi um desafio muito estimulante, uma oportunidade ímpar. Espero que vocês gostem do resultado.

Ana Maria Moura

Tatiana Belinky

Momentos Marcantes

ILUSTRAÇÕES
Ana Maria Moura